BEI GRIN MACHT SICH IHR WISSEN BEZAHLT

- Wir veröffentlichen Ihre Hausarbeit, Bachelor- und Masterarbeit

- Ihr eigenes eBook und Buch - weltweit in allen wichtigen Shops

- Verdienen Sie an jedem Verkauf

Jetzt bei www.GRIN.com hochladen und kostenlos publizieren

Bibliografische Information der Deutschen Nationalbibliothek:

Die Deutsche Bibliothek verzeichnet diese Publikation in der Deutschen Nationalbibliografie; detaillierte bibliografische Daten sind im Internet über http://dnb.dnb.de/ abrufbar.

Dieses Werk sowie alle darin enthaltenen einzelnen Beiträge und Abbildungen sind urheberrechtlich geschützt. Jede Verwertung, die nicht ausdrücklich vom Urheberrechtsschutz zugelassen ist, bedarf der vorherigen Zustimmung des Verlages. Das gilt insbesondere für Vervielfältigungen, Bearbeitungen, Übersetzungen, Mikroverfilmungen, Auswertungen durch Datenbanken und für die Einspeicherung und Verarbeitung in elektronische Systeme. Alle Rechte, auch die des auszugsweisen Nachdrucks, der fotomechanischen Wiedergabe (einschließlich Mikrokopie) sowie der Auswertung durch Datenbanken oder ähnliche Einrichtungen, vorbehalten.

Impressum:

Copyright © 2006 GRIN Verlag, Open Publishing GmbH
Druck und Bindung: Books on Demand GmbH, Norderstedt Germany
ISBN: 9783638939645

Dieses Buch bei GRIN:

http://www.grin.com/de/e-book/83330/connasse-calice-kilba-oder-ein-ueberblick-ueber-den-gebrauch-von-schimpfwoertern

Nele Bach

"Connasse, Câlice, Kilba" oder Ein Überblick über den Gebrauch von Schimpfwörtern weltweit und an den frankophonen Beispielgebieten Frankreich, Quebec und Marokko

GRIN Verlag

GRIN - Your knowledge has value

Der GRIN Verlag publiziert seit 1998 wissenschaftliche Arbeiten von Studenten, Hochschullehrern und anderen Akademikern als eBook und gedrucktes Buch. Die Verlagswebsite www.grin.com ist die ideale Plattform zur Veröffentlichung von Hausarbeiten, Abschlussarbeiten, wissenschaftlichen Aufsätzen, Dissertationen und Fachbüchern.

Besuchen Sie uns im Internet:

http://www.grin.com/

http://www.facebook.com/grincom

http://www.twitter.com/grin_com

Universität des Saarlandes
Proseminar Linguistik 2 « Le Français hors de France »

„Connasse, Câlice, Kilba"

oder

Ein Überblick über den Gebrauch von Schimpfwörtern weltweit und an den frankophonen Beispielgebieten Frankreich, Quebec und Marokko

Nele Bach
Abgabe: 30.04.2006

Inhaltsverzeichnis

1. Einleitung   Seite 2

2. Das Fluchen weltweit   Seite 2

    2.1 Malediktologie   Seite 2
    2.2 Überblick über das Fluchen weltweit   Seite 6
    2.3 Die Rechtslage beim Fluchen   Seite 9

3. Das Fluchen im frankophonen Raum   Seite 10

    3.1 Frankreich: Die wichtigsten *gros mots* und *injures*   Seite 10
    3.2 Kanada: *Sacres* oder kreative Gotteslästerung   Seite 12
    3.3 Marokko: Die Schändung der Mütter   Seite 14

4. Ausblick   Seite 16

5. Literaturverzeichnis   Seite 18

1. Einleitung

In der vorliegenden Arbeit werde ich nach einer kurzen Einführung in die Malediktologie (Kapitel 2.1) einen Überblick darüber geben, inwieweit das Schimpfen im Rahmen der Linguistik, Medizin, Pädagogik, Soziologie, Anthropologie und Psychologie erforscht ist. Dabei werde ich einige Schimpfwortkundler vorstellen und auf ihre Forschungsergebnisse eingehen. In Kapitel 2.2 folgt ein weltweiter Vergleich des Fluchverhaltens mit Beispielen des wohl wichtigsten Malediktologen Reinhold Aman aus Bayern. Ein kurzer Blick auf die Rechtslage schließt sich in Kapitel 2.3 an.

Ich wurde in meiner Schulzeit nicht über das Schimpfwortvokabular des Französischen aufgeklärt. Und so stand ich manches Mal wehrlos in Frankreich und war den mir unbekannten Beschimpfungen der französischen Jugendlichen ausgeliefert. Im Französischunterricht wurden von meiner Lehrerin alle Art Kraftausdrücke unterbunden. Das tat sie mit einem *Pas de mots féqualiques dans ma présence*. Als Deutsche hatte sie die Vorliebe der Deutschen, fäkal zu fluchen, erkannt, doch leider verbot es ihr ihre Moral, im Unterricht über solche obszönen und vulgären Worte zu sprechen. Beleidigungen, auf die ich deshalb möglicherweise erst bei künftigen Aufenthalten in Frankreich, Quebec oder Marokko stoßen werde, sind das Thema der Kapitel 3.1 bis 3.3. Die Hörbeispiele der Audiodatei habe ich im März und April 2006 mit frankophonen Interviewpartnern aus Frankreich und Marokko selbst aufgezeichnet.

2. Das Fluchen weltweit
2.1 Malediktologie

Die Malediktologie ist die Wissenschaft über das Fluchen und den Gebrauch der Schimpfwörter. Sie ist ein relativ junger Zweig der Psycholinguistik. Obwohl Flüche, Beschimpfungen und Beleidigungen schon immer einen relativ großen Platz in unserem täglichen Sprachgebrauch eingenommen haben, wurden sie in der Forschung lange vernachlässigt. In einer Zeit, in der selbst im Bundestagsprotokoll[1] Schimpfwörter häufiger vorkommen, ändert sich dies allmählich. Ich stelle einige Befunde internationaler Wissenschaftler vor, die das belegen.

---

[1] Herrmann 2005 gibt als Beispiel dafür eine Provokation Joschka Fischers, der 1984 zum Bundespräsidenten Richard Stücklen sagte: „Mit Verlaub, Herr Präsident, Sie sind ein Arschloch."

Reinhold Aman, 1936 in Bayern geboren, promovierter Mediävist und Philologe, gründete 1976 die Fluch-Zeitschrift *Maledicta - The International Journal of Verbal Aggression*, die in bereits 75 Ländern einen festen Leserkreis hat[1]. Das Motto seiner Zeitung ist „Die Leute sagen es - und wir drucken es", so widerwärtig es auch sein möge. 1996 behauptete Aman in einem Interview in der Schweizer Sonntagszeitung[2], dass man das Wertesystem einer Kultur an deren Fluchmanieren erkennen könne. „Man sieht genau, was in dieser Kultur als gut, als nobel, als ideal, als schön, als richtig gilt" - spätestens dann, wenn einer aus der Reihe tanzt. Der wird dann in jeder Sprache und in jedem Dialekt jeweils anders angeflucht. Und dabei werden stets die größten Tabus der Kultur gebrochen. Offensichtlich ist die Malediktologie auch ein Zweig der deskriptiven Linguistik, denn sie widmet sich allen Wörtern und Redewendungen, die in der Gesellschaft als obszön, gotteslästerlich oder beleidigend gelten, über die lange in der Wissenschaft geschwiegen wurde, die aber genauso zu unserer Sprache gehören wie alle anderen Äußerungen auch. Alles, was Menschen, so unterschiedlich sie auch sein mögen, sagen, wenn sie durch das Schimpfen emotional Dampf ablassen, findet in der Malediktologie die Beachtung, die es verdient. Während sich nach Aman der Mediziner mit Deformationen des menschlichen Körpers, z. B. Geschwüren beschäftigt, setzt sich der Malediktologe mit den Deformationen der Sprache auseinander. Die beiden Berufe unterscheiden sich für Aman vor allem im Sozialstatus[3].

Auch der amerikanische Psychologie-Professor am Massachusetts College of Liberal Arts Timothy B. Jay hat sich intensiv mit dem Schimpfen beschäftigt und das Buch „Warum wir fluchen" zu diesem Thema geschrieben[4]. Er fand mit statistischen Methoden heraus, wie oft geschimpft wird. Am Arbeitsplatz sind es etwa 5% der Gespräche, die aus Beschimpfungen und Flüchen bestehen und in der Freizeit bis zu 10%. Zusätzlich stellte Jay fest, dass in den 1960er Jahren etwa ein bis zwei Schimpfwörter pro Film zu erwarten waren, während bis Ende der 80er die Zahl der Schimpfwörter in einem Film auf 100 gestiegen ist[5]. Angesichts dieser Ergebnisse kritisiert Timothy Jay seine Kolleginnen und Kollegen wegen des riesigen

---
[1] S. Huber 1996:32
[2] Kern 1996
[3] Huber 1996:ebd.
[4] bei Freutel 2005
[5] Huber 1996:29. Als ein Meilenstein des Fluchtheaters gilt laut Huber das Beziehungsdrama „Wer hat Angst vor Virgina Woolf?" aus den 60er Jahren.

Rückstands in der Fluch-Forschung. Wie kann sich so lange wissenschaftlich nicht oder nur minimal mit einem Kapitel der Sprache und Psyche befasst werden, das so vielfältig ist und vor allem eine wichtige Ausdrucksform menschlicher Gefühle darstellt?[1] So wird einem beim Blättern in Wörterbüchern oder Lexika noch so manches Mal der Eindruck vermittelt, dass Menschen nicht fluchen, nicht beleidigen, nicht schimpfen und nicht drohen, denn der Wortschatz dazu ist größtenteils ausgespart. Dort findet man nur die schwachen Schimpfwörter wie z. B. *mince*, *zut*, die zur Kategorie 3 gerechnet werden[2], oder Schimpfwörter wie *merde* der Kategorie 2, die schon seit Jahrzehnten enttabuisiert sind. Der schönste Tod eines Schimpfwortes muss wohl der Eintrag im Robert sein[3]. Jay, der auch an Schulen forschte, stellte fest, dass besonders Kinder und Jugendliche mit einem schlechten Selbstwertgefühl häufig vor sich hinfluchen oder andere anfluchen, um sich von ihnen zu distanzieren[4]. Dabei gilt für ihn, dass das Fluchverhalten eines jeden zwar jeweils von seinem sozialen Hintergrund abhängt[5], aber dass das Fluchen an sich, geschlechts-, alters-, berufs- und schichtübergreifend zu betrachten ist[6]. Bei Untersuchungen mit Alzheimer- und Demenzpatienten entdeckte Timothy Jay, dass das menschliche Fluchbedürfnis wohl sehr tief im Gehirn verankert ist und wir unser Schimpfvokabular als letztes vergessen[7].

Auch der Sprachwissenschaftler Thomas E. Murray von der Kansas State University entdeckte sein Interesse an der Malediktologie. Er analysierte die Flüche von 4000 Schülerinnen und Schülern aus dem amerikanischen Mittelwesten und fand heraus, dass Mädchen ebenso oft und schmutzig wie Jungen schimpfen und zwar unabhängig ob Stadt- oder Landkind[8] und unabhängig von der sozialen Herkunft oder ihrer Hautfarbe. Laut Huber vermutet Murray, dass zu den „traditionellen Erklärungen" für das Fluchen, nämlich „Macht auszuüben, Aufmerksamkeit zu erregen, zu provozieren, Frust abzureagieren, es jemanden (*sic*) zu zeigen oder Gruppenzugehörigkeit auszudrücken"[9] noch die Tatsache hinzukommt, dass junge

---

[1] Huber 1996:32
[2] dazu auch Kapitel 3.1
[3] dazu auch Robert 1967:233
[4] vgl. Huber 1996:ebd.
[5] s. Huber 1996:34
[6] Huber 1996:28
[7] vgl. Herrmann 2005
[8] Huber 1996:ebenda
[9] zitiert nach Huber 1996:29

Menschen während des „Übergang[s]" von der Adoleszenz in das Erwachsenenalter" besonders viel schimpfen. Das könne daran liegen, dass sowohl in den USA als auch in Ländern westlicher Kultur „identitätsstiftende Rituale des Übergangs" fehlen[1].

Die beiden Mediziner Fausto Palazzo und Orlando Warner aus England haben in einer Studie bewiesen[2], dass auch unter ihren Fachkollegen und Fachkolleginnen gelegentlich etwas rauer gesprochen wird. So fällt im Durchschnitt alle 51,4 Minuten ein Kraftausdruck im OP, wobei sich die Schimpfwortfrequenz auf alle 29 Minuten erhöht, wenn ein Orthopäde, dessen Arbeitsgebiet eben nicht die Chirurgie ist, ein Skalpell in der Hand hält, und komplizierte, lange Operationen durchführen muss. Für ihn ist der Stress bei dieser Arbeit besonders groß und damit erhöht sich das Bedürfnis, Stress durch Fluchen abzubauen.

Noch einen wichtigen Denkanstoß gibt die Anthropologin Ashley Montagu, für die das Fluchen genauso wie das Lachen und das Weinen zu den „fundamentalen menschlichen Erlebnis- und Verhaltensweisen" gehört, die alle dazu dienen, das „psychophysiologische Gleichgewicht" aufrecht zu erhalten. Jeder Säugling werde sozusagen mit der Veranlagung zum Schimpfen geboren, so dass zu seinen Urwörtern auch schon bald das ein oder andere Unwort gehören kann[3].

In einem sind sich die Malediktologen einig: Schimpfen, so befreiend und Stress abbauend es auch sein mag, kann in manchen Situationen pathologisch werden. Und bis heute weiß niemand wirklich, ob sich übles Fluchen ab einer bestimmten Regelmäßigkeit auf die Persönlichkeit des Schimpfers überträgt. Auch der deutsche Psychologie-Professor Franz Kiener, der neben Reinhold Aman als Malediktologie-Gründungsvater gilt, gibt seinen amerikanischen und englischen Kollegen Recht in der Annahme, dass sich andauerndes „hemmungsloses Austoben im Fluchen und wüste Kränkungen der Mitmenschen" nicht positiv auf das menschliche Miteinander auswirken können, sondern dass das Schimpfen in vielen Fällen als „sprachliche Gewalttat", ja als „Waffe" gesehen werden muss und dass verbale Aggressivität und Gewaltdarstellungen in den Medien äußerst kritisch beobachtet werden müssen[4]. Auch in der Schule entsteht häufig ein Teufelskreis aus verbaler oder physischer

---

[1] zit. nach Huber 1996:29
[2] Huber 1996:ebd.
[3] Huber 1996:ebd.
[4] vgl. Huber 1996:34

Gewalt, ein Beispiel dafür ist der Amoklauf jenes Schülers in Erfurt, der offensichtlich in seiner Freizeit mehr Computer spielte als seine Konfliktfähigkeit mit Gleichaltrigen beim Spielen zu üben. In der psychologischen Aggressionsforschung hat man festgestellt, dass sich 90% des Aggressionsverhaltens verbal zeigen. Trotzdem beschäftigten sich die Aggressionsforscher kaum damit[1]. Für Aman wird das Schimpfen dann gefährlich, wenn der oder die Beschimpfte stärker, dümmer oder bewaffnet ist, oder wegen Beleidigung Anzeige erstattet; immerhin könne man wegen einer Beschimpfung sogar im Zuchthaus landen[2]. Damit kennt sich Reinhold Aman aus, denn er saß viele Monate deswegen selbst in einem US-Gefängnis.

2.2 Überblick über das Fluchen weltweit

Geflucht und geschimpft, beleidigt und mit Worten verletzt wird überall auf der Welt. Keine Sprache, kein Dialekt und keine Kultur kamen je ohne einschlägiges „Schimpfvokabular" aus. So gut wie jeder Mensch schimpft, wenn er sich ärgert oder frustriert ist. Die einen schimpfen mehr, die andern weniger und alle grundverschieden. Auch die Semantik unterscheidet sich von Nation zu Nation. Für Aman ist das eine sehr wichtige Erkenntnis der Fluchforschung[3]. Er unterteilt die „Fluchenden" in drei große Gruppen.

Hauptsächlich unter Katholiken findet man die „Gotteslästerer", z. B. in Spanien, Italien, Portugal, Südamerika oder Bayern. Ihr größtes Tabu ist die Verunglimpfung der Religion. Als Lieblingsbeispiel für die erste Gruppe nennt Aman einen Fluch aus dem Spanischen: „Bei den 24 Eiern der 12 Apostel Christi"[4].

Neben den „Gotteslästerern" taucht vor allem in afrikanischen, arabischen und asiatischen Ländern - doch wohl auch in deren Einwanderungsländern - die Gruppe der „Familienschänder" auf. Ihr größtes Tabu ist, Familienmitglieder – besonders die Mütter – zu beschimpfen. Die Lieblingsbeispiele für die zweite Gruppe kommen für den Malediktologen aus dem Iran: „Ein Hund soll auf das Grab deines Vaters

---

[1] siehe Huber 1996:28
[2] zitiert nach Huber 1996:35
[3] Huber 1996:ebd.
[4] Beispiele von Aman aus dem Interview mit Huber 1996:34

pinkeln!" oder „Ich furze in deines Vaters Bart!" und aus dem Arabischen „Deine Muttermilch war Kamelpisse!"[1].

Die dritte Gruppe – auch die „Prüden" genannt - findet man laut Aman[2] meist in puritanischen Kulturen wie z. B. in Amerika, Russland oder Kroatien. Sie hat nicht nur eine große Berührungsangst vor der menschlichen Sexualität, sondern auch vor der Tatsache, dass wir Menschen alle Ausscheider sind. Deshalb verwenden die „Prüden" beim Schimpfen obszöne und skatalogische Ausdrücke und Redewendungen. Für die dritte Gruppe fand Aman ein Beispiel aus Serbien: „Einen Pferdeschwanz in deinen Hintern!"[3]

Es ist anzunehmen, dass zahlreiche Mischformen zwischen den drei Gruppen auftauchen. Auch in Deutschland, wo gerne skatologisch geschimpft wird, kommen Mischflüche vor. So flucht man in Bayern oder im Saarland ähnlich wie bei unseren Nachbarn in Österreich und Skandinavien auf die Heiligkeiten der Kirche („Kruzifix Halleluja, mi leckts am Oasch" (Bayern), „Sakrament nomol" (Saarland)). Aman nennt die Ungarn als Beispiel, die zwischen zwei der Hauptgruppen leben und somit sowohl gotteslästerlich als auch prüde fluchen. Ein Beispiel für einen solchen ungarischen Fluch nach Aman: „Der rostige Schwanz Christi soll dir die Augen ausstechen!"[4]

Nicht grundlos zählt er die Ungarn gemeinsam mit den Russen, den Griechen, den Arabern, den Italienern, den Spaniern und nicht zuletzt den Bayern zu den besten Schimpfern weltweit[5]. Auf der „Weltkarte des Fluchens" - die sich aus etwa 10000 Sprachen und Dialekten zusammensetzt, von denen Aman bereits 200 untersucht hat - fluchen für ihn die mit nur wenigen Standardausdrücken bewaffneten amerikanischen Stadtbewohner am „stumpfsinnigsten", wohingegen Juden nach 2000 Jahren Verfolgung und drei Sprachquellen am kreativsten fluchen: „Alle Zähne sollen dir raus fallen bis auf einen – damit du Zahnweh haben kannst!" Am wenigsten wird nach Amans Untersuchungen in kleinen Kulturen im Pazifik geschimpft, und am

---

[1] Bspiele von Aman aus dem Interview mit Huber 1996:34
[2] Huber 1996:ebd.
[3] ebd.
[4] ebd.
[5] Kern 1996

seltsamsten erscheinen ihm die Flüche der australischen Ureinwohner und die der afrikanischen Kulturen, z. B.: „Dein Gesicht ist so runzlig wie ein Elefantenhintern!" (Zentralafrika); „Du stinkst wie die Achselhöhle eines Weißen!" (Westafrika)[1]. Ähnlich rassistisch fluchen auch die Somalier, deren schlimmstes Schimpfwort immer noch „Jude" ist[2]. Allerdings ist an dieser Stelle zu bemerken, dass das Wort „Judd" auch im Saarland noch negativ verwendet wird. Im Moselfränkischen Schimpfwörter-Lexikon findet man als Synonym für „Judd" die Wörter „Geschäftemacher" oder „unsauberer Geldverleiher"[3]. Die Tatsache, dass das Wort „Judd" im Jahr 2006 immer noch zum Schimpfwortschatz vieler Menschen hier in Deutschland gehört, erschreckt und passt zu einem Satz, den Albert Einstein einmal gesagt hat: „Es ist schwieriger ein Vorurteil als ein Atom zu zerstören."

Auch eine Krankheit hat mit dem Schimpfen zu tun: Das Tourette-Syndrom, von dem zur Zeit schätzungsweise 50000 Menschen und dreimal so viel Männer wie Frauen in Deutschland betroffen sind[4]. Es handelt sich hierbei um „die schwerwiegendste Tic-Störung"[5], bei der die Schrift, das Verhalten und/oder die Sprache von Obszönitäten beherrscht sind. Es ist davon auszugehen, dass Wolfgang Amadeus Mozart am Tourette-Syndrom erkrankt war, denn er verhielt sich in der Öffentlichkeit wohl ziemlich „bizarr" und unterschrieb Briefe gerne mit „Herzlichst Ihr Süssmaier Scheißdreck!"[6]

Offenbar unterscheidet man in der Fluchforschung zwischen dem „Vorsichhinfluchen" („Scheiße") und dem „Anfluchen" („Du Hund"). Martina Drescher, die ihre Arbeit *Eh tabarnouche ! c'était bon* den *sacres*, also den Flüchen im Québec widmet, erweitert diese beiden Funktionen noch um andere Funktionen, die die in Kanada lange bekämpften Flüche in der Kommunikation übernehmen: Die *sacres* intensivieren einen Wortlaut mit emotionaler, bewertender oder subjektiver Reichweite. Sie sind eine Reaktion auf unvorsehbare Themenwechsel oder ein Zeichen des Zuhörens mit

---

[1] vgl. Huber 1996:34
[2] mehr dazu: Hirsi Ali 2005:97
[3] siehe Altenkirch 1981:41
[4] siehe Huber 1996:31
[5] Huber 1996:ebd.
[6] vgl. Herrmann 2005

Ausdruckswert (back-channel). Sie können aber auch ein Hinweis auf eine Perspektivänderung sein.[1]

2.3 Die Rechtslage beim Fluchen

§ 185 des Strafgesetzbuchs der Bundesrepublik Deutschland (StGB) lautet: „Die Beleidigung wird mit Geldstrafe oder mit Freiheitsstrafe bis zu einem Jahr und, wenn die Beleidigung mittels einer Tätlichkeit begangen wird, mit Geldstrafe oder mit Freiheitsstrafe bis zu zwei Jahren bestraft."
Die Frage ist allerdings, wo hört der Fluch auf und wo fängt die Beleidigung an? Auch Timothy B. Jay stellte sich diese Frage[2]. Hirsi Ayaan Ali, Menschenrechtlerin und niederländische Abgeordnete, eröffnete ihre Pressekonferenz in Berlin anlässlich der starken Karikatur-Proteste in der muslimischen Welt wegen der Mohammed-Karikaturen mit den Worten: „Ich bin hier, um das Recht zu verteidigen, beleidigen zu dürfen", und am Ende wiederholte sie diesen Satz und vollendete ihn mit den Worten „... innerhalb der Grenzen des Gesetzes".[3]

Im Hinblick auf die strafrechtliche Relevanz sind laut wikipedia wohl folgende Begehungsformen der Beleidigung möglich: die Äußerung von Werturteilen gegenüber dem Beleidigten verbal (Verbalinjurie), als Geste oder tätlich durch das Zeigen einer Gestik (z. B. Mittelfinger, Scheibenwischergeste, als Vogel), die Beleidigung mit Tätlichkeit (z. B. unsittliches Berühren/Anfassen [Beleidigung mit sexuellem Hintergrund], Schubsen, Anspucken usw.), die Äußerung von Werturteilen in Beziehung auf den (abwesenden) Beleidigten gegenüber anderen Personen und die ehrverletzende Tatsachenbehauptung, die in Anwesenheit des Beleidigten erfolgt (werden diese Tatsachen gegenüber anderen Personen geäußert, so kommen §§ 186 StGB (Üble Nachrede) und 187 StGB (Verleumdung) in Betracht.[4]

In der Rechtssprechung ist diese Frage noch nicht ausreichend beantwortet. Wie Ayaan Hirsi Ali sehen andere Wissenschafter vor allem den § 166 StGB zur Gotteslästerung kritisch. Von Kurt Tucholsky zum „mittelalterliche[n] Diktaturparagraph[en]" getauft, schränke er die Meinungsfreiheit ein, so einige

---

[1] bei Drescher 2000:142ff.
[2] Huber 1996:28
[3] siehe Broder 2006
[4] zit. nach WikiPedia – Begehungsform der Beleidigung

atheistische Gruppen, Künstler und zahlreiche Kirchenkritiker. Die Grünen forderten in der Wahlperiode 1990-1994 sogar die Streichung dieses Paragraphen.[1] In Amerika herrschen andere Sitten. 2004 wurde vom US-Senat fast einstimmig der *Defense of Decency Act* beschlossen, nach dem für „jeden verbalen Ausfall im Fernsehen oder Radio eine Buße bis zu 275.000 Dollar" verhängt wird.[2] Auch in anderen Ländern, z.B. in Polen, werden beim öffentlichen Gebrauch von Schimpfwörtern saftige Strafen verhängt. In der russischen Stadt Belgorod werden mit Schimpfstrafzetteln jährlich Tausende Rubel eingenommen.[3] In den USA nimmt die Zahl der Fluchstrafzettel durch eine Art von Sitten-Politessen zu; diese stehen z. B. in der Stadt Hartford im Bundesstaat Connecticut auf dem Schulhof und kassieren pro Schimpfwort 103 Dollar. Hier waren sich Lehrer und Polizei einig, dass aufgrund der Obszönität der Schüler härter durchgegriffen werden müsse. In der Schule zeigt das Konzept aufgrund der Höhe der Strafe zumindest während der Unterrichtszeit Wirkung. Der Psychologe Timothy Jay bietet in seinem Buch *What to do When Your Students Talk Dirty* verzweifelten Lehrern Hilfe im Umgang mit den „Rüpeln" an, was kaum etwas daran ändern dürfte, dass in manchen Stresssituationen, z.B. am Steuer, selbst Sitten-Politessen zu Sprech-Rüpeln werden.

3. Das Fluchen im frankophonen Raum
3.1 Frankreich: Die wichtigsten *gros mots* und *injures*

Um Frankreichs Flüche zu analysieren, muss man sich erst einmal klar machen, wo es sich auf der „Fluchlandkarte" befindet – neben seinen Grenzländern Belgien, Luxemburg, Deutschland, Spanien, Schweiz und Italien, die natürlich auch ihren Einfluss auf das Fluchverhalten der Franzosen haben. Die Fluchgewohnheiten der Franzosen erinnern nach der Klassifizierung von Aman stark an die der „Prüden", aber variieren mehr oder weniger stark je nach Standort. Im elsässischen Colmar hört man den gotteslästerlichen Fluch *Jesses nai!*[4] Ein Bauer aus der Provence wird seine Flüche anders als ein Pariser, der stärker auf das vorwiegend genitale, aber auch anale Schimpfwortvokabular zurückgreifen dürfte, auch aus der Landwirtschaft schöpfen und dabei womöglich weniger vulgär wirken als der Großstadtfranzose. Der

---
[1] WikiPedia - Gotteslästerung
[2] vgl. Herrmann 2005
[3] ebd.
[4] vgl. Audiodatei von Thérèse (21) aus Colmar

Vorreiter aus dem sexuellen Bereich ist das aus dem 17.Jahrhundert stammende Wort *con*, das ursprünglich vom lateinischen *cunnus*[1] abgeleitet ist und, wie nicht alle Franzosen wissen, das weibliche Geschlecht benennt. Im täglichen Sprachgebrauch taucht es etwa so oft auf wie im Deutschen der fäkale Fluch „Scheiße", eine sinngemäße Übersetzung wäre „dumm". Dieses Wort *con* ist die Derivationsbasis für *connasse*, *connard* oder *connerie*. Doch als das häufigste Schimpfwort, dessen Ursprung auch im Lateinischen (*merda*)[2] liegt, gilt *merde*; allerdings ist *Putain (de merde)* an manchen Schulen wahrscheinlich jetzt schon häufiger.

Ich orientiere mich in diesem Kapitel an der Klassifizierung der Flüche, die der amerikanische Linguist Thomas Murray vorschlägt[3], und unterteile die französischen Schimpfwörter nach ihrer Schwere in drei Kategorien.

Zone drei repräsentiert eher gemäßigte Schimpfwörter wie z.B. *Mince (alors)!*, *Zut (alors)!* oder alternativ dazu noch etwas schwächer *Flûte (alors)!* Als abgeschwächte Variante von *Putain de merde!* aus Zone eins taucht hier *Purée!* und *Punaise!*[4] auf, *Pauvre con!*, *Gros bêta!*, *Crotte de bique!*[5], *Enfoiré!*[6], dessen Gründer der französische Komiker Coluche[7] war. Andere Beispiele für diese Kategorie sind *Bouffon!* oder *Tête de chien!*

Etwas ausdrucksstärkere Schimpfwörter findet man in Zone zwei. Beispiele dafür sind *Con!*, *Conne!*, *Connasse!*, *Connard!*, *Merde!*, *Chiant(e)!*, *Trou de fesse!*, *Trou du cul!*, *Batard!*, *Petasse!*, *Espèce de pédé!*, *Fait chier!*[8], *Je t'emmerde!*, *Emmerdeur !*, *Va te faire foutre!*

Die harten Schimpfwörter folgen in Zone eins. Als sehr beleidigend oder vulgär angesehen sind zum Beispiel *Fils de pute!*, *Salaut!*, *Putain de merde!*, *Saloppe!*, *Sale*

---

[1] Certa 2001:21
[2] Certa 2001:ebd.
[3] vgl. Huber 1996:29
[4] dazu Audiodatei von Fabien (34) aus Freyming-Merlebach
[5] dazu Audiodatei von Annick (22) aus Metz
[6] dazu Audiodatei von Christine (54) aus Freyming-Merlebach
[7] vgl. Vandel 2004
8 dazu Audiodatei von Thérèse (21) aus Colmar

pute!, Chienne!, Chiennasse!, Face de bite![1]*, Nique sa/ta mère* oder auch die verkürzte Variante *Ta mère!, Tête de bite!, Saloppard!* oder *Enculé!*.

Für den Sprachwissenschaftler gleicht die Entwicklung des Schimpfverhaltens einer Sucht: Einstieg mit Vokabular aus der dritten Zone, Gewöhnung mit Worten der Zone zwei, und wenn dann das Verlangen nach Tabubrüchen steigt, folgt eine „Abhängigkeit" nach Flüchen aus Zone eins[2].

Gros mots sind nach Pascale Certa[3] eine Reihe von Wörtern, über die man wenig spricht, die man aber oft verwendet und die es einem ermöglichen, „mit den Verboten zu flirten". Sie sind aber nicht immer auch *injure*, obwohl die meisten Wörterbücher dieses Synonym vorschlagen. So ist laut Certa *pie* oder *morue* erst eine Beleidigung, falls ein Adjektiv wie *vieille* bzw. *grosse* vorausgeht. In ihrem Buch *Le français qui bouge* schreibt die ehemalige Chronistin von *France Info*, dass die meist verwendeten *gros mots* vor allem aus den Bereichen Religion, Sexualität und Stuhlgang kommen. Die bekanntesten aus dem Bereich „Religion" seien *Nom de Dieu!* und *Bordel de dieu!* Auch *Dieu tout puissant!* scheint Gebrauch zu finden, aber weniger unter jüngeren Menschen[4] als in älteren Generationen. Außerdem haben die Franzosen Schimpfwörter aus anderen Sprachen wie z. B. aus dem Arabischen übernommen. So taucht *la bite* in Marseiller Vororten als *zeb* oder *zob* auf. Hier hat eine Derivation des arabischen Wortes [zəbi][5] stattgefunden. Certa nennt auch andere Synonyme für das männliche Geschlecht, die als Schimpfwörter Verwendung finden, z. B. *quéquette, quique, quiquette*, Derivationen, die von dem 1534 erstmals von Rabelais gebrauchten *la queue* abstammen[6].

3.2 Kanada: *Sacres* – die Gotteslästerer

Nicht umsonst werden die Bewohner des französischsprachigen Teils von Kanada von den Mexikanern *los Tabernacos* genannt.[7] Die Menschen aus Quebec fluchen sprachwissenschaftlich betrachtet sehr kreativ. Ihre Flüche, *les sacres*, stammen

---
1 dazu Audiodatei von Jérémie (21) aus Sarreguemines
2 vgl. Huber 1996:28
3 Certa 2001:21
4 vgl. Audiodateien von Thérèse und Annick
5 vgl. Kapitel 3.3
6 Certa 2001:22
7 Drescher 2000:154

hauptsächlich aus dem religiösen Bereich, haben aber ihre ursprüngliche Bedeutung verloren oder verlieren sie allmählich. Drescher sieht diese Flüche als *un signe de québécité*.

Die häufigsten Heiligtümer der Kirche, die die französischsprachigen Kanadier zum fluchen verwenden, sind *tabernacle*[1], *ciboire*[2], *hostie*[3], *sacrement*[4], *crucifix*, *câlice* und *calvaire*[5]. Sie nehmen ein heiliges Wort wie z. B. *tabernacle*, bilden daraus Neologismen (Kompositionen und Derivationen) oder auch Wortspiele und verändern es so, dass man nicht sofort den religiösen Bezug spürt. Diese Wortbildung wird, so Drescher[6], vorgenommen

- mit der Stückelung des Wortes (*Troncation*): aus *tabernacle* wird *barnac*, und von *hostie* bleibt nur noch *stie* übrig. Die Verkürzung von *hostie* ist ein Beispiel für einen *sacre*, der seine ursprüngliche religiöse Bedeutung in der Alltagssprache fast verloren hat und in Gesprächen in Québec laut Drescher[7] oft nur noch als *marqueur de structuration* verwendet wird wie in folgendem Beispiel: *Parce que la mienne [ma femme] osti je lui ai bien montré ça osti elle parle bien le français*[8];

- mit dem Ersetzen von Silben (Substitution) oder Buchstaben: *ciboire* wird *cibole*, und *tabernacle* wird *tabarnouche*, *calice* wird zu *câline* oder *câlif*;

- mit dem Hinzufügen von Silben oder Phonemen (Addition): hier wird *maudit* zu *mautadit*;

- mit dem Vertauschen der Silben oder Phoneme (Permutation): aus *tabernacle* wird *batarnac*;

- mit der Verbindung von zwei Flüchen zu einem neuen (Juxtaposition): es verschmelzen z. B. *calice* und *hostie* zu *câlistie* oder *sacré* und *maudit* zu *crémaudit*[9]; aus *christ* und *calice* wird *crisse*.

Aus diesen Neologismen und Arquaismen entstanden typische Redewendungen *à la québecoise*. Beispiele dafür gibt es im Internet z. B. bei Philip A. Butt: Wenn man im

---

[1] nach Duden 2005: das Tabernakel ist „ein kunstvoll gearbeitetes (im Mittelalter tragbares) festes Gehäuse zur Aufbewahrung der geweihten Hostie auf dem katholischen Altar"
[2] nach Duden 2005: das Ziborium ist ein Synonym für Tabernakel
[3] nach Duden 2005: die Hostie ist ein « Opfertier » oder auch die « Oblate » in der kath. Kirche und zum Leib Christi geweiht
[4] siehe Duden 2005: das Sakrament ist eine „von Jesus Christus eingesetzte zeichenhafte Haltung, die in traditionellen Formen vollzogen wird u. nach christlichem Glauben dem Menschen in sinnlich wahrnehmbarer Weise die Gnade Gottes übermittelt"
[5] vgl. Drescher 2000:139
[6] Drescher 2000:140
[7] vgl. Drescher 2000:151
[8] zit. nach Vincent 1993:84
[9] Beispiele von Butt 2000

Québec sagen möchte, dass man wütend ist, verwendet man nicht wie in Frankreich die Ausdrücke *être en pétard* oder *être en colère*, sondern man sagt *Je suis en calvaire/en crisse/en sacrement/en calisse/en hostie/etc.* Aus dem aus Juxtaposition entstandenen *crisse* wird durch Suffigierung das Verb *crisser* deriviert. *Crisser qc.* heißt ins Standardfranzösisch übersetzt so viel wie *fourrer* oder *foutre*. Synonyme für *crisser* gibt es zur Genüge: *câlisser, saprer, baptêmer, câlifier, sacrer, tabernaquer*[1]. Möchte man jemanden auffordern zu gehen, gebraucht man das Verb *se décrisser*, was als Synonym für das französische *s'en aller* gesehen werden muss: „Hau ab" im Québec-Französisch also *Décrisse-toé!* Macht jemand etwas wie ein Verrückter, würde man in Frankreich sagen *Il fait quelque chose comme un fou/ comme un dératé...* oder *Il fait quelque chose vachement/ sacrément/ vraiment...*, im Québec wird daraus *Il fait quelque chose en maudit/ en câlisse*. Zum Komplimente machen eignet sich im Québec-Französisch *tabarnac de/ câlisse de/ crisse de*. Hört man als Frau also *Tu as un tabarnac de beau p'tit body!* ist das aufwertend zu verstehen, hört man aber *Le plus crissant/ verrat est ton p'tit body*, so wird genau das Gegenteil ausgedrückt. *Le plus crissant/ verrat* heißt „das allerschlimmste". Möchte man das häufigste Schimpfwort des Deutschen ins Québec-Französisch übersetzen, so flucht man im französischsprachigen Kanada *c'est ben maudit*[2] oder *c'est ben câlisse*[3] oder einfach nur *tabernac!*

3.3 Marokko: Die Schändung der Mütter

Es hat sich wegen des Schamgefühls der Marokkaner als äußerst schwierig herausgestellt, Audioaufnahmen von Marokkanern beim Schimpfen zu machen. Gänzlich unmöglich war es mir, schimpfende Marokkanerinnen aufzunehmen. In Marokko gilt das Fluchen nämlich immer noch als unschön und vulgär, und in vielen Familien schickt es sich auf gar keinen Fall für eine Frau, in der Öffentlichkeit zu fluchen. Hier ist der Gebrauch der Schimpfwörter, wie bei uns in früheren Zeiten, der Macho-Bastion vorbehalten. Weniger starke Schimpfwörter sind hierbei *mouchard* [kawed][4] oder *imbécile* [kbihɛ][5]. Die Semantik der schlimmeren Schimpfwörter dreht

---

[1] Beispiele von Butt 2000
[2] noch mehr Sacres bei Butt 2000
[3] dazu Audiodatei von Nadia (40) aus Saint-Avold
4 dazu Audiodatei von Mounir (30) aus Marrakesch
5 vgl. Audiodatei von Haziz (25) aus Casablanca

sich hauptsächlich ums Tierreich. Anders als in Frankreich oder Kanada gelten in Marokko [hmar] und [hmara], übersetzt „Esel" und „Eselin", als ernsthafte Beleidigung. Schlimmer noch sind [kilb] und [kilba], übersetzt „Hund" und „Hündin". Dieses Schimpfwort ist in der weiblichen Form noch viel beleidigender als in der männlichen. [kilba] wird wie auch das französische *chienne* gebraucht, was so viel wie „Schlampe" oder „Dorfnutte" heißt. In der muslimischen Welt beschmutzt eine Frau, die den Ruf hat, unehelichen Geschlechtsverkehr zu haben, die Ehre der ganzen Familie, und zwar bis in den zehnten Grad der Blutsverwandtschaft[1]. Schlimmer noch ist es, wenn sie ihrem Ruf gerecht wird oder wenn sie sich gegen die Heiratspläne ihrer Eltern auflehnt. Dann riskiert sie nicht nur, [kilba] oder *pétasse*, auf arabisch [k'həba][2], genannt zu werden, sondern zahlt vielleicht sogar mit ihrem Leben wie Hatun Sürücü, die letztes Jahr mitten in Berlin von ihrem jüngsten Bruder im Namen der Ehre und im Namen des 15. Verses der Sure 4 erschossen wurde[3], nur weil ihm und dem Rest der Familie ihr emanzipierter Lebenswandel nicht gepasst hat und weil im Koran solche Anstiftungen zu lesen sind: „15(19) Und wer von euern Weibern eine Hurerei begeht, so nehmet vier von euch zu Zeugen wider sie. Und so sie es bezeugen, so schließet sie ein in die Häuser bis der Tod ihnen naht oder Allah ihnen einen Weg gibt."[4] Zur Bestrafung der Ehrenmörder heißt es: „16(20) Und diejenigen, die es von euch begehen, strafet beide. Und so sie bereuen und sich bessern lasset ab von ihnen. Siehe, Allah ist vergebend und barmherzig."[5]

Gegenüber den Männern scheint Allah das zweifellos zu sein. Deswegen dürfen sie sich in Marokko scherzhaft [kilb] oder - noch obszöner und wohl eher unter Jugendlichen - [zəbi], übersetzt „Schwanz", nennen. Das spricht hier ebenfalls für einen promiskuitiven Lebenswandel, aber befleckt keineswegs irgendeine Ehre, sondern nutzt im Gegenteil dem gesellschaftlichen Ansehen des Mannes, weil er sich mehrere Frauen leisten zu können scheint. Beleidigender ist [t'han], denn *cocu* ist jemand, der sich betrügen lässt im schlimmsten Falle von der eigenen Frau. Das wiederum ist gesellschaftlich[6] nicht so hoch angesehen. Als Beschimpfung nicht ganz so schlimm ist das als Nahrung ungenießbare „Schwein", arabisch [hɛluf], was

---

[1] Hirsi Ali 2005:105
[2] dazu Audiodatei von Monsef (27) aus Casablanca
[3] Reimann 2006
[4] Henning 2002:93
[5] Henning 2002:93
[6] Damit meine ich z.B. in den Cafés, zu denen marokkanische Frauen meist keinen Zutritt haben.

in weiblicher Form [hɛlufa] bezeichnenderweise verniedlichend gebraucht werden kann z. B. für Kinder (Ferkelchen) oder für Frauen. Zu Lügnern sagen die Marokkaner [kdɛb] und zu Lügnerinnen [kdɛba]. [xrah] heißt „Scheiße". Das schlimmste, was man zu einem anderen Mann in Marokko sagen kann, ist [na hɛn dilamuk], was so viel heißt wie „Fick deine Mutter!" oder auch [wald el k'ɛhba][1] entsprechend „Hurensohn". Sehr beleidigend empfinden es Marokkaner auch, wenn sie als schwul [zɛml] bezeichnet werden. Die größten gesellschaftlichen Tabus könnten also der Geschlechtsverkehr in der Familie[2] und die Homosexualität darstellen. Beide werden durch diese Flüche gebrochen, und man riskiert damit als marokkanischer Mann, eine Schlägerei auszulösen. Die Untersuchung, in wie vielen der Schlägereien zwischen Moslems der eine die Mutter des anderen beleidigt hat, könnte für die Aggressionsforschung durchaus interessant sein.

4. Ausblick

In dem anfangs bereits erwähnten Interview mit Reinhold Aman bestätigt der Malediktologe, was schon 1967 im *Dictionnaire des injures* im Kapitel 16 *Dis-moi des injures, je te dirai qui tu es*[3] zu lesen war: Das Fluchverhalten gibt einen tiefen Einblick in das Wertesystem des Fluchers. Für Aman ist die Analyse der Flüche einer Kultur sogar die beste Methode, deren Werte zu verstehen. Es gebe nämlich in jeder Sprache mehr abwertende als aufwertende Worte; sie seien in unserem evolutionär früh entstandenen Hypothalamus – auch „Tiergehirn" - gespeichert und deshalb ehrlicher als lobende Wörter. Beim Schimpfen werde immer nur das beschimpft, was nicht als „normal" oder „gut" angesehen ist[4]. Man könne z. B. davon ausgehen, dass Juden weniger Alkohol trinken als Engländer oder Amerikaner, weil es im Jiddischen nur wenige Wörter gibt für das deutsche Wort „betrunken"[5], wohingegen das Amerikanische und das Englische gemeinsam über 2000 Ausdrücke dafür gefunden haben. Man kann auch davon ausgehen, dass die meisten Franzosen, sicherlich als Folge der französischen Revolution, ein weniger religiös geprägtes Alltagsleben führen als die Kanadier aus Quebec, bei denen Kirche und Staat nicht so streng

---

[1] vgl. Audiodatei von Adir (29) aus Casablanca
[2] dazu auch Henning 2002:94
[3] siehe Robert 1967:233f
[4] nach Huber 1996:33
[5] Huber 1996

getrennt werden wie in Frankreich. Den Beweis liefert die große Zahl an religiösen Flüchen in Quebec und die geringe Zahl an dergleichen in Frankreich.

Linguisten, Psychologen und Gehirnforscher haben längst eingesehen, dass es kein „Sprachparadies" gab und auch keines geben wird. Insoweit das Fluchen zu den menschlichen Urtrieben gehört[1], dürften sich Sitten-Politessen ohne große Aussicht auf dauerhaften Erfolg bemühen. Nützlicher für den Umgang miteinander könnte das „kognitive Verhaltenstraining" sein, das Timothy Jay entwickelt hat. Mit seinem Verhaltensprogramm möchte er Kindern, Jugendlichen und Studierenden zeigen, wie man kreativer und weniger beleidigend schimpft. Dazu entwickelte er verhaltens- und sprachbezogene Übungen, bei denen man erfährt, welche positiven und negativen Aspekte Verbalattacken haben können.[2] Auch Reinhold Aman und Roland Ris liefern konstruktive Vorschläge für ein kreativeres Schimpfergebnis.[3] Den Gegner solle man genauer beobachten, um ihn so individueller beschimpfen zu können. Auch der Schimpfwortschatz anderer Kulturen könne inspirieren, und derjenige, der poetisch schimpfen wolle, solle in Stabreimen schimpfen z. B. „Grau gegrillter Geizhals!" Zu guter Letzt könne man auch noch, um nicht so vulgär zu wirken, Wortabwandlungen verwenden: so wie „Armleuchter" für „Arschloch" *Flûte* für *Zut* und *Purée* für *Putain* oder wie im Quebec-Französisch *Vert* für *Calvaire*. Für die zukünftigen Malediktologen, ob Sprach- oder Literaturwissenschaftler, ob Psychologen oder Mediziner, ob Juristen, ob Anthropologen oder Soziologen, gibt es noch ein riesiges Forschungsgebiet zu ergründen.[4] Dabei mag gelten: Lasst lieber die Wut auf verbale Weise so kreativ wie möglich heraus statt handgreiflich zu werden oder mit Magengeschwüren zu enden.

---

[1] Herrmann 2005
[2] vgl. Huber 1996:29
[3] Kern 1996
[4] nach Aman im Interview mit Huber 1996:35

5. Literaturverzeichnis

Altenkirch, G. (1981): *Moselfränkisches Schimpfwortlexikon für Saarländer*, Erfweiler-Ehlingen, Queisser Verlag.

Broder, H. M. (2006): Dissidentin Hirsi Ali. Das Recht zu beleidigen.
URL: http://www.spiegel.de/wissenschaft/mensch/0,1518,391407,00.html (15.03.06).

Butt, P. (2000): Liste des jurons québecois.
URL: http://www.geocities.com/philipsfo/hostie/glossaire/jurons.html (17.04.06).

Certa, P. (2001) : *Le français d'aujourd'hui. Une langue qui bouge*, Ballad / Jacob Duvernet.

Drescher, M. (2000): „Eh tabarnouche ! c'était bon. Pour une approche communicative des jurons en français québécois", in: *Carhiers de praxémathique 34*, 133-160, Universität Bayreuth.

Dudenredaktion Hrsg. (2005): *Duden. Das Fremdwörterbuch*, Mannheim/Leipzig, Dudenverlag.

Ebner, M. (2001): Auch beleidigen will studiert sein. Wissenschaftler untersuchen den Schimpfwortgebrauch.
URL: http://www.stuttgarter-nachrichten.de/stu/page/detail/php/68544/ (27.03.06).

Édouard, R. (1967): *Dictionnaire des injures*, Paris, Tchou.

Freutel, A. (2005): Ohne Fluchen kein friedliches Miteinander.
URL: http://www.netzzeitung.de/wissenschaft/359974.html (27.03.06).

Georgin, R. (1973): *Comment s'exprimer en Français*, Paris, Les Éditions sociales Françaises.

Guiraud, P. (1975) : *Les Gros Mots*, aus der Reihe *Que Sais-Je?* Le point des connaissances actuelles *N°1597*, Paris, Presses Universitaires De France.

Henning, M. (2002): *Der Koran*, Stuttgart, Reclam.

Herrmann, S. (2005): Fluchen tut gut.
URL: http://www.spiegel.de/wissenschaft/mensch/0,1518,391407,00.html (27.03.06).

Hirsi Ali, A. (2005): *Ich klage an. Plädoyer für die Befreiung muslimischer Frauen*, München, Piper.

Huber, A. (1996): „Malediktologie. Die hohe Kunst des richtigen Schimpfens", *Psychologie Heute 11/1996*, 28-35. URL: http://www.psychologie-heute.de/p1archiv/recherche/f-h/961128.htm (17.03.06).

Kern, E. (1996): „Fluchen ja – aber bitte kreativ".
URL: http://www.sonic.net./maledicta/sonntag.html (12.04.06).

Medoza, I u. Frago, V. M. (2005): *Vorsicht! Spanisch!*, München, Berlitz.

Reimann, A. (2006): Jedes Jahr ein neues Ruanda – Konferenz zu Ehrenmorden.
URL: http://www.spiegel.de/hatun sürücü.htm (20.04.06).

Roustang-Stoller, E.-A. (2005): *Vorsicht! Französisch!*, München, Berlitz.

Stein, A. (1998): *Einführung in die französische Sprachwissenschaft*, Stuttgart/Weimar, Metzler.

Tucholsky, K. (2002): *Panter, Tiger & Co*, Reinbek bei Hamburg, Rowohlt Taschenbuch Verlag.

Twister, B. (2003): Einmal Fluchen und ab ins Gefängnis.
URL: http://www.telepolis.de/r4/artikel/15/15447/1.html (12.04.06).

Vandel, P. (2004): *Coluche par Coluche,* Éditions de la Seine, Le Cherche Midi.

Vincent, D. (1993): *Les ponctuants de la langue et autres mots du discours,* Québec, Nuit Blanche éditions.

Werber, B. (2000): *Encyclopédie du savoir relatif et absolue,* Edition Albin Michel S.A.

WikiPedia: Die freie Enzyklopädie. URL: http://de.wikipedia.org/wiki/Beleidigung/Begehensformen (12.04.06) und http://de.wikipedia.org/wiki/Gotteslästerung (12.04.06).

BEI GRIN MACHT SICH IHR WISSEN BEZAHLT

- Wir veröffentlichen Ihre Hausarbeit, Bachelor- und Masterarbeit

- Ihr eigenes eBook und Buch - weltweit in allen wichtigen Shops

- Verdienen Sie an jedem Verkauf

Jetzt bei www.GRIN.com hochladen und kostenlos publizieren